Bibliografische Information der Deutschen Nationalbibliothek:

Die Deutsche Bibliothek verzeichnet diese Publikation in der Deutschen National-
bibliografie; detaillierte bibliografische Daten sind im Internet über http://dnb.d-
nb.de/ abrufbar.

Impressum:

Copyright © 2017 GRIN Verlag
Druck und Bindung: Books on Demand GmbH, Norderstedt Germany
ISBN: 9783346027597

Sonja Schneider

Das Gleichnis vom Senfkorn. Unterrichtsstunde zu Markus 4, 30-32

GRIN Verlag

GRIN - Your knowledge has value

Der GRIN Verlag publiziert seit 1998 wissenschaftliche Arbeiten von Studenten, Hochschullehrern und anderen Akademikern als eBook und gedrucktes Buch. Die Verlagswebsite www.grin.com ist die ideale Plattform zur Veröffentlichung von Hausarbeiten, Abschlussarbeiten, wissenschaftlichen Aufsätzen, Dissertationen und Fachbüchern.

Unterrichtsstunde:

Das Gleichnis vom Senfkorn (Mk 4, 30-32)

Ausführlicher Unterrichtsentwurf zur Zweiten Staatsprüfung (Lehramt)

Vorgelegt von:
Sonja Schneider

Inhaltsverzeichnis

1. BEDINGUNGSANALYSE

1.1 INSTITUTIONELLE RAHMENBEDINGUNGEN

An der Realschule werden derzeit ca. 420 SuS[1] in drei Zügen je Klassenstufe von 40 Lehrpersonen unterrichtet. Religion wird in Klassenstufe 7 45 Minuten pro Woche gelehrt. Die vorliegende Unterrichtsstunde findet von 9.20 bis 10.05 Uhr (3. Stunde) in einem regulären Klassenzimmer statt. Dieses ist mit einem Tageslichtprojektor und einer traditionellen Tafel ausgestattet.

1.2 SITUATION DER LERNGRUPPE

Die Lerngruppe besteht aus 19 SuS, wovon 8 männlich und 11 weiblich sind. Sie setzt sich aus SuS zwei unterschiedlicher siebten Klassen zusammen, da nach Konfession getrennt unterrichtet wird. Im Schuljahr 2016/2017 wurden deshalb zwei katholische und eine evangelische Gruppe gebildet.

Die SuS der Lerngruppe sind mir seit Beginn meines Referendariats im Februar 2016 bekannt und ich erlebe sie als überaus motiviert, sich am Unterrichtsgeschehen zu beteiligen. Sie zeigen großes Interesse am Lernstoff, was u. a. an der hohen Anzahl an Schülermeldungen festzumachen ist. In manchen Unterrichtssituationen muss dies durch die Lehrperson aus zeitlichen Gründen und um den Unterrichtsfluss nicht zu beeinträchtigen sogar eingegrenzt werden. Darüber hinaus ist festzustellen, dass es sich um eine heterogene Lerngruppe handelt. Dies betrifft in erster Linie das Arbeitstempo. Während ein großer Teil der Gruppe schriftliche Aufgaben zügig umsetzen kann, brauchen Einzelne länger, einen Arbeitsauftrag kognitiv zu verinnerlichen und schriftlich zu bearbeiten. Unterschiede unter den SuS lassen sich ebenfalls in Bezug auf die personalen Kompetenzen festmachen. Einzelne SuS versuchen Aufgaben zu umgehen, bei welchen sie vor anderen etwas präsentieren müssen und können als introvertiert bezeichnet werden. Andere wiederum haben sichtlich Spaß daran, im Plenum etwas vorzustellen. Diese Tatsache wurde bei der Unterrichtsplanung berücksichtigt (vgl. Kapitel 6).

Die Heterogenität kann zusätzlich auf den Entwicklungsstand der SuS bezogen werden. Während ein Großteil der SuS bereits pubertäre Züge beispielsweise im Verhalten, der Kleidung oder der Sprache zeigt, wirken Einzelne noch eher kindlich. Auf die Entwicklung in Bezug auf Religion und die vorliegende Stunde wird in Kapitel 2.1.3 näher eingegangen. Obwohl sich die Lerngruppe aus zwei unterschiedlichen Klassen zusammensetzt, herrscht eine Offenheit unter den SuS und im Allgemeinen kann die Atmosphäre als diszipliniert und

---

[1] aus Gründen der besseren Lesbarkeit wird die Abkürzung „SuS" verwendet und entspricht „Schülerinnen und Schüler"

1

freundlich beschrieben werden. Dies lässt auch auf das Lehrer-Schüler-Verhältnis übertragen, welches als positiv und vertrauensvoll charakterisiert werden kann.

Jede Religionsstunde beginnt mit einem Ritual, welches der Lerngruppe bereits bekannt ist. Dabei nimmt die Lehrperson eine Beobachterrolle ein, da die SuS den Ablauf des Rituals bereits verinnerlicht haben und dies selbständig organisieren können. Ein Schüler bzw. eine Schülerin zündet dazu eine Kerze an, welche in einer Schale in der Mitte des Stuhlkreises steht. Nun nehmen alle SuS nacheinander einen roten oder einen grünen Stein aus einer Box, um diesen anschließend in die Schale zur Kerze zu legen. Die Farbe wählen die SuS selbst je nach Gefühlslage aus. Dieses Verfahren läuft erfahrungsgemäß ruhig und geordnet ab. Wenn alle SuS einen Stein genommen haben, zählt eine/r der SuS die Steine und verkündet, wie viele rote und grüne Steine gelegt wurden. Danach haben die SuS die Möglichkeit, ihre Auswahl zu nennen und evtl. auch zu begründen und im Anschluss wird ein Gebet vorgelesen. Dazu wurden von der Lehrkraft verschiedene Gebete gesammelt und in eine rote und grüne Box gelegt. Die Person, die das Gebet vorliest, wählt je nach „Grundstimmung" in der Gruppe, also nach Anzahl von grünen oder roten Steinen, ein Gebet aus der passenden Box aus. Zum Ende des Rituals wird die Kerze wieder ausgeblasen und die Materialien weggeräumt. Die Dauer beträgt insgesamt je nach Wortmeldungen etwa fünf Minuten. Nach dem Ritual herrscht in der Lerngruppe meist eine ruhige und gespannte Atmosphäre, welche einen guten Einstieg in die Stunde ermöglicht.

2. ELEMENTARISIERUNG

In der nachfolgenden fachwissenschaftlichen Analyse werden die für den geplanten Unterricht relevanten Inhalte anhand des Modells der didaktischen Elementarisierung dargestellt. „Elementarisierung bezeichnet ein religionsdidaktisches Modell für die Vorbereitung und Gestaltung von (Religions-)Unterricht, das eine Konzentration auf pädagogisch elementare – also von den Inhalten ebenso wie von den Kindern und Jugendlichen (oder Erwachsenen) her grundlegend bedeutsame und für sie zugängliche – Lernvollzüge unterstützen soll."[2] Diese Beschreibung nach SCHWEITZER zeigt die wichtige Beziehung zwischen den SuS und dem Gegenstand des Unterrichtes auf. Um diese Beziehung zugänglich zu machen, sollten folgende fünf Dimensionen beachtet werden:

---

[2] Schweitzer 2003, S. 10

- elementare Strukturen
- elementare Wahrheiten
- elementare Erfahrungen
- elementare Zugänge
- elementare Lernformen

Diese Dimensionen hängen unabdingbar miteinander zusammen und können nicht einzeln betrachtet werden, sondern nur im Kontext zueinander. Die Abfolge ist hierbei nicht von Bedeutung und kann vernachlässigt werden, da es sich mit diesen Dimensionen wie mit einem Kreis verhält.[3]

2.1 ELEMENTARE STRUKTUREN

Der für die vorliegende Unterrichtsstunde wichtige Bibelausschnitt, in welchem das Gleichnis vom Senfkorn zu finden ist, ist im Markusevangelium angesiedelt (siehe Anhang). In Kapitel 4 werden in den Versen 1 bis 34 verschiedene Gleichnisse vom Reich Gottes dargestellt. Das Gleichnis vom Senfkorn ist in den synoptischen Evangelien wie folgt zu finden: Mk 4,30-32; Lk 13,18-19 und Mt 13,31-32. Für die vorliegende Stunde wurde der Originaltext verwendet, da er dem Niveau der siebten Klasse entspricht.

Bei einem Gleichnis handelt es sich um eine „Redegattung, in der ein bestimmter Gedanke mit Hilfe eines Bildwortes veranschaulicht wird"[4]. Inhaltlich bezieht sich ein Gleichnis auf „die kommende Herrschaft Gottes und de[n] Anspruch Jesu, deren Bringer zu sein"[5]. Es behandelt und schildert ein alltägliches Geschehen, welches den Menschen der damaligen Zeit bekannt ist. „Es entnimmt seinen Stoff also der Wirklichkeit. [...] Ein Gleichnis wird so knapp wie möglich formuliert. Ausschmückungen sind stets als spätere Zutaten verdächtig."[6]

Das Gleichnis vom Senfkorn wird mit Hilfe eines Fragesatzes eingeleitet (V. 30), wobei ein Bezug zu möglichen Adressaten fehlt. Bereits mit der Frage erfolgt ein Bezugnehmen auf die Reich-Gottes-Thematik, denn sie verlangt ein Gleichnis als Möglichkeit, um jene Thematik zu beschreiben. Dies erfolgt in Vers 31, in welchem ein Senfkorn beschrieben wird. Dies überrascht zunächst auf Grund der geringen Größe dieses Samenkorns. Im darauffolgenden Vers wird das Wachstum dargestellt, wobei es auch zu einer komparativen Angabe in Bezug auf andere Gewächse kommt. Hier endet das Gleichnis ohne auf die zu erwartende weitere Nutzung der Senfpflanze einzugehen[7].

---

[3] vgl. Schweitzer 2003, S. 14f.
[4] Baum 2005, S. 429
[5] Baum 2005, S. 430
[6] Linnemann 1969, S, 18f.
[7] vgl. Gäbel 2007, S. 327ff.

Aus sozialgeschichtlicher Sicht ist beim vorliegenden Gleichnis vom schwarzen Senf auszugehen, der sich zu einer großen Pflanze mit mehreren Blüten entwickelt. Die Höhe der Pflanze wird mit 2,5 bis 3 Meter angegeben, was den Kontrast zum winzige Senfkorn verdeutlicht. Der Vergleich zu anderen Pflanzen kann aus heutiger botanischer Sicht dennoch nicht mehr gehalten werden.

Als erzählerisches Attribut fällt besonders auf, dass im Gleichnis Menschen keine bzw. nur eine passive Rolle einnehmen, sondern durch die Tier- (Nistvögel) und Pflanzenwelt (Senfpflanze) ersetzt werden[8]. Darüber hinaus ist anzumerken, dass die Angaben bezüglich der Zeit und des Ortes des Geschehens fehlen und somit geschlussfolgert werden kann, dass es sich hierbei um allgemeine Aussagen handelt. Diese fehlenden Angaben führen dazu, sich die weiteren Umstände der Situation auszudenken, was sich besonders für den Unterricht anbietet.

Zusammenfassend liegt der Fokus des Gleichnisses auf der Zukunft. Eine Deutung dieses Abschnitts des Markusevangeliums lässt eine Hoffnung auf die kommende Gottesherrschaft zu. Das Reich Gottes wird uns folglich als etwas Unvorhersehbares von unfassbarer Größe offenbart. Die Welt wird sich verändern ohne das Zutun von uns Menschen, doch es wird eine Veränderung sein, auf die wir uns alle frohen Mutes und mit Optimismus einlassen dürfen[9].

2.2 DIDAKTISCHE REDUKTION
2.2.1 ELEMENTARE WAHRHEITEN

Die entscheidende Aussage des Gleichnisses vom Senfkorn ist in diesem Fall, dass aus kleinen Anfängen etwas Großes entstehen kann und wir hoffnungsvoll auf das Kommen des Reiches Gottes vertrauen dürfen. Dafür erhalten wir Gottes Zusage. Den SuS wird während des Unterrichts im Idealfall bewusst, wie sie die Bedeutung des Senfkornes im Gleichnis übertragen und dass auch sie selbst ein Senfkorn für ihre Mitmenschen im Alltag „säen" können. Darüber hinaus wird auch thematisiert, ob sie Situationen kennen oder erlebt haben, in denen aus einem kleinen Anfang etwas Großes wurde. Ihnen soll bewusst werden, dass auch sie auf die Hoffnung und das Kommen des Reiches Gottes vertrauen können und dass ihr Leben dadurch positiv beeinflusst wird. Diese Kernaussage der Thematik ist für das Leben der SuS also bedeutsam, weil sie die inhaltliche Bedeutung in ihren jetzigen Alltag miteinbeziehen können. Nicht zuletzt wird dies daran deutlich, dass sie ein konkretes Senfkorn einsäen und dessen Wachstum beobachten können.

---

[8] vgl. Gäbel 2007, S. 330f.
[9] vgl. Gäbel 2007, S. 333f.

2.2.2 ELEMENTARE ERFAHRUNGEN

Da die Thematik der Gleichnisse bereits in vorangegangenen Stunden behandelt wurde, bringen alle SuS bereits Erfahrungen dazu mit. Bei der Übertragung der Bild- auf die Sachebene kann folglich auf bereits durchgenommene Gleichnisse zurückgegriffen und entsprechende Fachbegriffe erwartet werden. Diese Anknüpfungsmöglichkeit erleichtert das Verstehen des Gleichnisses der vorliegenden Unterrichtsstunde.

Es ist darüber hinaus davon auszugehen, dass einige SuS bereits auf verschiedene Art und Weise erlebt haben, dass sich aus einem kleinen Anfang etwas Großes entwickeln kann. Deshalb wird angenommen, dass die SuS weitestgehend dazu fähig sind, diese Erfahrungen kreativ auf ein Rollenspiel bzw. einen Tagebucheintrag zu übertragen. Durch diese Arten der Ausgestaltung soll eine ganzheitliche Erfahrung ermöglicht werden, wodurch ein tieferes Eindringen in die Thematik gefördert wird. Ferner werden diese evtl. mitgebrachten Alltagserfahrungen durch die Verknüpfung mit der Reich-Gottes-Botschaft ergänzt. Den SuS wird dadurch deutlich, dass welche Bedeutung Gott und unser Glaube für uns Menschen haben kann.

Darüber hinaus machen die SuS in der vorliegenden Unterrichtsstunde die Erfahrung, dass sie selbst wirksam sein können. Zunächst geschieht dies, indem gemeinsam überlegt wird, wie wir in der heutigen Welt „Samen säen können". Im Anschluss sollen diese Überlegungen konkretisiert werden, indem Jede/r Ideen formuliert und letztendlich über den Unterricht hinaus umsetzt. Dabei hat das Senfkorn mehr dienende Funktion, da es das Symbol des Wachsens verkörpert. Wie genau die SuS ihre Überlegungen letztendlich konkretisieren, bedarf einer individuellen Umsetzung und führt zu Erfahrungen des einzelnen Subjekts. Folglich ermöglicht die Unterrichtsstunde zahlreiche Lernerfahrungen.

2.2.3 ELEMENTARE ZUGÄNGE

Das komplexe entwicklungspsychologische Modell nach JAMES FOWLER beschreibt insgesamt fünf Stufen des Glaubens. Dabei werden auch kognitiv-strukturelle Theorien miteinbezogen, verbunden mit einem Rückbezug auf PIAGET, KOHLBERG und ERIKSON. FOWLER führt in seinem Modell die ganzheitliche Veränderung und Entwicklung eines Menschen bezogen auf die Haltung zum Leben aus. Es handelt sich also um ein Modell der Glaubensentwicklung, welches sich insofern von dem OSERS abhebt, dass sich dieses mit der Entwicklung des religiösen Urteils auseinandersetzt.[10]

Wird die Zuteilung der SuS in die Stufen der Modelle nach OSER und FOWLER auf Basis der bisherigen Unterrichtserfahrungen mit der Lerngruppe betrachtet, so können einzelne SuS der

---

[10] vgl. Mendl 2011, S. 34ff.

zweiten Stufe (*mythisch-wörtlicher Glaube*) in FOWLERS Glaubens-Modell zugeordnet werden.

Fowler geht hier von einer lebendigen Fantasie der Kinder aus, welche immer mehr in Zeit und Raum positioniert wird. Während die Kinder Empathie entwickeln, fällt ihnen eine Selbstreflexion weiterhin schwer. Aus religiöser Sicht spielen Geschichten eine wichtige Rolle. Dabei ist zu bedenken, dass Inhalte weitestgehend wörtlich verstanden und übertragen werden.[11] Die Zuordnung lässt sich u.a. an Aussagen der SuS festmachen, beispielsweise an wörtlichen Übertragungen von bisher behandelten Bibeltexten und Symbolen. Außerdem fällt es einzelnen SuS schwer, ihr eigenes Verhalten zu reflektieren. Dies sind typische Merkmale für den *mythisch-wörtlichen Glauben*, wobei auch eine Korrespondenz mit der zweiten Stufe im Modell nach OSER zu erkennen ist. Manche SuS äußerten sich auf die Frage, warum wir überhaupt beten, damit, dass wir Gott zwar um etwas bitten können, aber wir beten müssen, um ihn „gut zu stimmen". Diese Aussage stimmt mit der zweiten Stufe des religiösen Urteils überein. Einige der SuS befinden sich bereits auf der *synthetisch-konventionellen* Stufe des Glaubens. Diese Zuteilung erfolgt ebenfalls auf Grund von Verhaltensweisen und Äußerungen im Unterricht. In verschiedenen Übungen, z.B. Schreiben eines Tagebucheintrags, wurde deutlich, dass diese SuS dazu fähig sind, empathisch zu sein und einen Perspektivwechsel vornehmen können. Darüber hinaus wird die Peergroup für viele immer wichtiger, was sich auch daran zeigt, dass die SuS in Diskussionen teilweise die Meinungen anderer übernehmen, um nicht als Außenseiter zu gelten. Diese Beobachtung kann auch auf Äußerungen zum eigenen Glauben übertragen werden. Der Wunsch nach Selbstbestimmung wird größer und Gott nimmt für einige SuS einen Platz ein, der nicht oder kaum mit ihnen selbst in Verbindung steht. Diese Beobachtungen können als Indizien für die dritte Stufe in Osers Stufen des religiösen Urteils gesehen werden. Dabei ist anzumerken, dass von einer Stigmatisierung abzusehen ist, da jede/r der SuS als Individuum angesehen werden muss.

Diese Erkenntnisse haben für die vorliegende Unterrichtsstunde zur Konsequenz, dass ein Zugang zur Thematik dadurch gelingen kann, indem bildhafte Elemente verwendet werden. Die Symbolik des Senfkorns kann und darf von den SuS zunächst eindimensional und wörtlich verstanden werden. Infolge der Unterstützung durch die Lehrkraft und einer schrittweisen gemeinsamen Erarbeitung soll es den SuS gelingen, die bildliche Ebene auf die Reich-Gottes-Botschaft zu übertragen. Dabei kann allerdings in Klassenstufe 7 nicht davon

---

[11] Vgl. Mendl 2011, S. 39

ausgegangen werden, dass alle SuS die in Kapitel 2.1.1 beschriebenen elementaren Strukturen detailliert verstehen.

3. BEZUG DES THEMAS ZUM BILDUNGSPLAN

3.1 LEITGEDANKEN ZUM KOMPETENZERWERB

Eines der zentralen Ziele des katholischen Religionsunterrichts, welche im Bildungsplan formuliert sind, ist es, die Lebensumstände der SuS zu erfassen und diese auf der Basis der christlichen Weltanschauung zu interpretieren. Um dies zu erreichen, werden unterschiedliche Kompetenzen angestrebt. Dabei muss unabdingbar beachtet werden, dass dies nicht nur überprüfbare Kompetenzen sind, sondern eine Standardisierung häufig auch nicht möglich ist.[12] Diese Tatsache spiegelt sich in den religionspädagogischen Grundsätzen wider: „Der Religionsunterricht eröffnet Möglichkeiten, religiöse Erfahrungen ganzheitlich zu machen; will eine altersangemessene Spiritualität anbahnen."[13] Wie dies zu überprüfen ist, bleibt weiterhin offen. Dennoch ist es von großer Bedeutung, im Religionsunterricht Möglichkeiten zu schaffen, in denen es zu spirituellen Erfahrungen kommen *kann*. Mit der vorliegenden Stunde wird solch eine Gelegenheit ermöglicht und v.a. der Einstieg und die Erarbeitungsphase können ganzheitliche Erfahrungen bieten (vgl. Kapitel 2.1.2). In den Kompetenzformulierungen kommen darüber hinaus die vier Basiskompetenzen personale, soziale, methodische und Fachkompetenz zum Tragen. Speziell für den Religionsunterricht wurden diese zusätzlich um die religiöse Kompetenz erweitert. Wie diese Kompetenzen in der vorliegenden Unterrichtsstunde verankert sind, ist Kapitel 5 zu entnehmen.

3.2 BEZUG ZU DEN DIMENSIONEN DES BILDUNGSPLANS

Die Kompetenzen und Inhalte für das Fach Katholische Religion wurden in sieben Dimensionen unterteilt[14]. Für die vorliegende Stunde sind v.a. die dritte Dimension *Bibel und Tradition* und die fünfte Dimension *Jesus der Christus* von Bedeutung, wobei betont werden muss, dass diese nicht dazu ausgelegt sind, in einer einzelnen Stunde, sondern auf ganze Einheiten bezogen umgesetzt zu werden. Konkret werden mit der vorliegenden Stunde folgende Kompetenzen angesprochen[15]:

Die Schülerinnen und Schüler

- sind in der Lage Botschaften der Bibel kreativ auszudrücken.

---

[12] vgl. Bildungsplan 2004, S. 32
[13] Bildungsplan 2004, S. 34
[14] vgl. Bildungsplan 2004, S. 37ff.
[15] vgl. Bildungsplan 2004, S. 35f.

- kennen die Botschaft Jesu Christi vom Reich Gottes, ausgedrückt in Heilungsgeschichten und Begegnungserzählungen;
- können Geschichten von Jesus Christus nacherzählen, kreativ gestalten und darüber sprechen.

4. STELLUNG DER STUNDE IM UNTERRICHTSKONTEXT

Derzeit wird die Einheit „Jesus von Nazaret – Die Nähe des Reiches Gottes erfahren" mit der Lerngruppe behandelt. Dabei handelt es sich nach den Themen „Aufbruch in die Selbständigkeit" und „Prophetinnen und Propheten" um die dritte Einheit des Schuljahres.

Die Einheit wurde mit einer ganzheitlichen Stunde zum Thema „Gott ist wie..." begonnen, in der eine Annäherung an das Reich Gottes stattfand. Dabei wurden den SuS verschiedene Gegenstände zur Verfügung gestellt, die sie mit der eigenen Gottesvorstellung in Verbindung bringen sollten. Daraufhin wurden erste Gleichnissen (Lk 15, 3-24) in Form eines Gruppenpuzzles erarbeitet, um auf die Gattung der Gleichnisse und deren Eigenschaften aufmerksam zu machen. Dies wurde in der darauffolgenden Stunde zusammengefasst und eine mögliche Definition erarbeitet, wobei näher auf das Gleichnis vom verlorenen Schaf eingegangen wurde. Anschließend wurde die Heilung der gekrümmten Frau (Lk 13, 10-13) als exemplarisches Handeln Jesu behandelt, durch welches er das Reich Gottes nicht nur anhand von Worten, sondern auch Taten verkündete. In diesem Zusammenhang überlegten sich die SuS Situationen im eigenen Leben, in welchen sie „gekrümmt" sind und gestalteten daraus ein Gebet. Die vorliegende Stunde dient nun als weiteres Beispiel eines Gleichnisses. Im Anschluss daran sollen zwei weitere Beispiele behandelt werden, bevor Franz von Assisi als konkretes Exempel für das Handeln im Sinne der Reich-Gottes-Botschaft herangezogen wird. In der Stunde darauf folgt ein zusammenfassender Abschluss der Einheit, welcher ebenfalls auf die zweite Klassenarbeit vorbereiten soll.

Die nachfolgende Tabelle zeigt die geplante Unterrichtsstunde im Unterrichtszusammenhang:

07.03.2017	Einführung Reich Gottes: Gott ist wie…
14.03.2017	Gottesbild in Gleichnissen: Gruppenpuzzle zu Lk 15, 3-24
21.03.2017	Versuch einer Definition: Was ist ein Gleichnis?
28.03.2017	Die Heilung der gekrümmten Frau (Lk 13, 10-13)
04.04.2017	Wann bin ich „gekrümmt"?
05.04.2017	Lehrprobe: Das Gleichnis vom Senfkorn (Mk 4, 30-32)
11.04.2017	Osterferien
18.04.2017	Osterferien
25.04.2017	Das Gleichnis vom Schatz und der Perle (Mt 13, 44-46)
02.05.2017	Das Gleichnis vom Sämann (Mk 4, 1-9)

09.05.2017	Einer, der alles gab: Franz von Assisi
16.05.2017	Abschluss Reich Gottes
23.05.2017	Klassenarbeit Nr. 2

5. BEITRAG DER STUNDE ZUM KOMPETENZERWERB

5.1 ÜBERGEORDNETES STUNDENZIEL

Die SuS erfahren durch die Auseinandersetzung mit dem Gleichnis vom Senfkorn die Bedeutung von kleinen Anfängen als Element der Reich-Gottes-Botschaft und werden darin unterstützt, dies auf ihr eigenes Leben zu beziehen.

5.2 LERNZIELE, DIE ZUM ERWERB DER KOMPETENZEN BEITRAGEN

Die SuS

1. öffnen sich ihrer Klasse gegenüber, indem sie während des Rituals teilweise ihr Befinden äußern (pK).

2. erfühlen unter Anleitung ein Senfkorn und können diese Erfahrungen mündlich verbalisieren (pK, mK).

3. erweitern ihre Kommunikationsfähigkeit und schätzen die Aussagen ihrer Mitschülerinnen und Mitschüler (mK, pK, sK).

4. setzen Situationen, in denen aus kleinen Anfängen etwas Großes wurde, in ein Rollenspiel bzw. einen Tagebucheintrag um (pK, sK, mK, rK).

5. erweitern ihre Präsentationskompetenz, indem sie ihre erarbeiteten Standbilder bzw. Tagebucheinträge vorstellen (sK, mK, pK).

6. lassen sich auf die Zusammenarbeit mit Mitschülern ein, indem sie kooperativ arbeiten (sK).

7. erkennen und beschreiben Situationen, in denen sie im übertragenen Sinn Senfkörner säen können (pK, rK, sK).

6. ELEMENTARE LERNFORMEN

6.1 VORBEREITUNG

Zur Vorbereitung der Unterrichtsstunde hat die Lehrkraft bereits verschiedenfarbige Karten zugeschnitten. Um den Unterrichtsfluss nicht zu unterbrechen, bereitet die Lehrperson das Klassenzimmer vor der Stunde entsprechend vor. Dazu wurde der Stuhlkreis bereits aufgebaut und die Arbeitsblätter entsprechend positioniert, um einer unnötigen Unruhe während der Unterrichtszeit vorzubeugen.

6.2 BEGRÜßUNG UND RITUAL

Zu Beginn werden die SuS sowie die in der vorigen Stunde bereits angekündigten Gäste begrüßt. Daraufhin folgt das Ritual (vgl. Kapitel 1.2). Dadurch werden die SuS darauf eingestimmt, dass nun die Religionsstunde beginnt. Das Ziel, sich der Klasse zu öffnen, kann durch die gewohnte Umgebung erreicht werden. Da sich jedoch ebenfalls Gäste im Raum befinden, kann davon ausgegangen werden, dass die Beteiligung eventuell geringer ausfällt als sonst, da sich vielleicht nicht alle SuS gegenüber fremden Personen über ihr Befinden äußern möchten. Aus diesem Grund wurde in die Zielformulierung bewusst die Einschränkung *teilweise* eingefügt.

6.3 EINSTIEG

Nach dem Ritual herrscht erfahrungsgemäß eine erwartungsvolle Atmosphäre bei den SuS. Dies soll für den Einstieg ausgenutzt werden, weshalb die Lehrperson gleich im Anschluss mit der Achtsamkeitsübung beginnt. Dabei könnte damit gerechnet werden, dass manche SuS irritiert sind, etwas „Lebendiges" in die Hand zu bekommen und evtl. kurz davor zurückschrecken, z.B. indem sie für einen Moment die Augen noch einmal öffnen. Es wird aber davon ausgegangen, dass diese anfängliche Skepsis auf Grund des guten Lehrer-Schüler-Verhältnisses (vgl. Kapitel 1.2) schnell vorübergehen wird. Im Verlauf der Übung werden die SuS dahingehend angeleitet, sich auf ihre eigenen Gefühle und Empfindungen während des Ertastens des Senfkorns zu konzentrieren. Dies verstärkt den ganzheitlichen Aspekt dieser Phase. Die SuS sollen erkennen, dass das Senfkorn winzig klein und in der Hand kaum spürbar ist. Verstärkt wird dies durch die sich verändernden Positionen des Senfkorns in den Händen. Diese Erfahrung dient im Anschluss als Basis für weitere Überlegungen, v.a. auch im Hinblick auf den späteren Transfer.

Im Anschluss kommt es zu einer gemeinsamen Reflexion im Plenum. Diese wird durch die Lehrperson mit Hilfe von Impulsfragen gesteuert. Mögliche Impulsfragen könnten sein: Wie habt ihr euch gefühlt? Wie hat sich das Senfkorn angefühlt? War es wirklich Etwas „Lebendiges"? Diese Fragen setzt die Lehrperson individuell ein, um somit auf die Äußerungen der SuS einzugehen. Um ein einseitiges Lehrer-Schüler-Gespräch zu vermeiden wird für die Reflexion ein Redeball eingesetzt. Dadurch, dass sich die SuS gegenseitig den Ball zuwerfen und sich somit aufrufen, übergibt die Lehrperson die Verantwortung für kurze Zeit an die Lerngruppe. Ist die Lehrkraft der Meinung, dass ausreichend Beiträge genannt wurden, macht sie den SuS deutlich, dass der Sprechball nun wieder zurück zu ihr kommen soll. Auf diese Weise kann kontrolliert werden, dass die Sammlung nicht in eine falsche Richtung läuft bzw. zeitlich zu viel Platz im Unterrichtsgeschehen einnimmt. Zu erwartende

Schüleräußerungen könnten sein, dass sie sich unsicher gefühlt haben, weil sie zunächst nicht wussten, was mit „Lebendig" gemeint ist. Das Senfkorn kann sich klein angefühlt haben und es ist zu erwarten, dass es einzelnen SuS vielleicht sogar durch die Finger fällt. An dieser Stelle wird folglich das zweite Lernziel erreicht und gleichzeitig das Dritte unterstützt. Um ein Ablenken der SuS durch das Senfkorn zu vermeiden, wird es von der Lehrperson in einer Schale gesammelt, so dass sie trotzdem weiterhin sichtbar sind.

Alternativ hätte auch mit einem Bildimpuls (z.B. Bild eines Senfkorns und einer Senfpflanze) begonnen werden können. Da hier die ganzheitliche Erfahrung allerdings weniger intensiv ausfallen würde, wurde davon abgesehen.

6.4 ÜBERLEITUNG

Im Anschluss erzählt die Lehrperson das Gleichnis vom Senfkorn. Dazu wird der Textausschnitt „Das Reich Gottes gleicht einem Senfkorn…" in die Mitte des Stuhlkreises gelegt. Dadurch soll die Kernaussage präsent und für die SuS sichtbar bleiben. Der Terminus „Reich Gottes" wurde bereits in vorigen Stunden erläutert (vgl. Kapitel 4) und bedarf deshalb keiner weiteren Erklärung. Daraufhin wird ein Bodenbild begonnen, welches sich im Laufe der Religionsstunde immer weiter entwickelt. Dies steht sinnbildlich auch für das Wachsen der Senfpflanze. Die SuS überlegen sich in Partnerarbeit, was zum Wachstum der Pflanze beiträgt (grüne Karten) und was es behindert (rote Karten). Diese Art der sozialen Differenzierung führt dazu, dass Ideen der SuS ergänzt werden. Sie werden dazu angehalten, groß und deutlich zu schreiben, sodass das Geschriebene auch von größerer Entfernung aus lesbar ist. Für Fragen steht die Lehrperson in dieser Phase beratend zur Verfügung. Bewusst wird hier weiterhin die wörtliche Ebene angestrebt, ohne eine Übertragung auf die weitere Bedeutung der Senfpflanze zu erzielen. Dies hat den Hintergrund, dass sich die SuS zunächst mit der Bildebene auseinandersetzen sollen, bevor ein Übertrag stattfinden kann. Diese Maßnahme wird dem Entwicklungsstand der SuS gerecht, welcher in Kapitel 2.1.3 erläutert wird. Mögliche Schülerantworten sind hier: *Boden, Sonne, Wasser, sich Kümmern* trägt zum Wachstum bei und *Sturm, menschliche Gewalt, zu wenig oder zu viel Sonne/Wasser/Boden/,* … behindert was Wachstum. Die SuS können in dieser Zeit den Stuhlkreis verlassen und an den bereitgestellten Tischen miteinander arbeiten. An dieser Stelle wurden Karten gewählt, weil so zum einen individuelle Ideen zum Ausdruck kommen können und zum anderen Mehrfachnennungen deutlich werden. Diese werden zueinander gelegt, wodurch eine Polarisierung dargestellt werden kann. Das kann als Basis für weitere Diskussionen dienen. Um die Schülerideen zu würdigen und einen kurzen Austausch anzuregen, erläutern die SuS kurz ihre Ergebnisse im Plenum. Hier werden das dritte und das sechste Lernziel gefördert, welche während des weiteren Verlaufs der Stunde immer wieder von Bedeutung sind. Die Ergebnisse werden Teil des Bodenbildes, welches nun aus einem braunen Tuch als Boden und den Senfkörnern in der Schale besteht.

6.5 ERARBEITUNG

In dieser Phase soll es nun zur Übertragung auf die Bedeutungsebene kommen. Die Lehrperson leitet dies folgendermaßen ein: „In der Geschichte vom Senfkorn wird aus etwas winzig Kleinem etwas überaus Großes. Dies macht Hoffnung, dass auch kleine Dinge viel bewirken können. Vielleicht hast du auch schon einmal selbst Situationen erlebt, in denen aus kleinen Anfängen etwas Großes wurde." Die Aufgabe der SuS ist es nun, solche Situationen in Form eines Rollenspiels in Gruppenarbeit oder eines Tagebucheintrags in Einzelarbeit umzusetzen. Ein Rollenspiel wurde als Auswahlmöglichkeit gewählt, da diese Methode den SuS bereits bekannt und von großer Beliebtheit ist. Die methodische Differenzierung ermöglicht es aber auch introvertierten SuS, welche eher ungern etwas vor einer Gruppe präsentieren, sich schriftlich mit dem Thema auseinanderzusetzen (vgl. Kapitel 1.2). Bei beiden Möglichkeiten können sich die SuS in Mitmenschen einfühlen und den Bibeltext auf ihre eigene Lebenswelt übertragen, wobei durch das Rollenspiel der ganzheitliche Aspekt in besonderem Maße angesprochen wird. Um eine weitere Differenzierung vorzunehmen, werden zunächst gemeinsam Ideen gesammelt. Somit bekommen die SuS eine Vorstellung davon, in welche Richtung die Erarbeitung gehen wird. Darüber hinaus wird dadurch aber auch vermieden, dass SuS evtl. weiterhin nur an den Bereich von Pflanzen denken. Deshalb sind diese Anstöße besonders von Bedeutung und werden von der Lehrperson an der Tafel festgehalten. Mögliche Schülerideen könnten sein, etwas zu spenden oder auf jemanden zuzugehen. Bevor die SuS mit der Erarbeitungsphase beginnen, werden noch einmal kurz die wichtigsten Merkmale eines Tagebucheintrags bzw. eines Rollenspieles geklärt, sodass der Arbeitsauftrag unmissverständlich ist. Darüber hinaus wird der Arbeitsauftrag noch einmal auf den jeweiligen Arbeitsblättern visualisiert. Diese liegen im Klassenraum aus und werden von den SuS an ihren Arbeitsplatz geholt. Aufgrund der positiven Atmosphäre innerhalb der Lerngruppe (vgl. Kapitel 1.2) können sich die SuS selbst in Gruppen einteilen, wobei jede Gruppe aus drei bis vier SuS bestehen soll. Somit wird hier das dritte, vierte und das sechste Lernziel erreicht.

Alternativ hätte an dieser Stelle auch mit einem Arbeitsblatt gearbeitet werden können, bei welcher sich jede Gruppe mit einer anderen Geschichte auseinandersetzt und dies anschließend präsentiert. Auf Grund der ganzheitlichen Erfahrung, welche diese Phase bietet, wurde davon aber abgesehen.

6.6 ERGEBNISSICHERUNG

Nun sollen die Ergebnisse der SuS im Plenum vorgestellt werden. Dies erfolgt zunächst freiwillig, da viele SuS in dieser Hinsicht erfahrungsgemäß sehr offen sind und ihre Ideen gerne präsentieren. Um eine wertschätzende Atmosphäre zu gestalten, wird der Stuhlkreis in dieser Phase zur Tafel hin geöffnet, um den Vortragenden quasi eine „Bühne" zu bieten. Wie bereits in Kapitel 1.2 erwähnt, ist es in manchen Situationen seitens der Lehrperson wichtig, die Beiträge der SuS teilweise etwas abzukürzen. Sollte es trotz ausreichend eingeplanter Zeit nicht möglich sein, alle freiwilligen Beiträge präsentieren zu lassen, werden weitere Ergebnisse in der darauffolgenden Stunde vorgestellt. Dies wertschätzt die Arbeit der SuS und könnte zusätzlichen Anlass zur Reflexion bieten.

Nach den Vorträgen findet jeweils eine Reflexion statt, um die Ideen der SuS noch weiter zu vertiefen. Dabei soll analog zur Überleitung gesammelt werden, wo bzw. wer in der dargestellten Situation das Senfkorn war und was zum Wachstum beigetragen bzw. jenes behindert hat. Dadurch wird die Bedeutung des Gleichnisses hervorgehoben und verdeutlicht. Es kommt folglich durch evtl. Hilfestellung zum Vergleich zur konkreten Senfpflanze, was dem Entwicklungsstand der SuS gerecht wird (vgl. Kapitel 1.2). Die Karten haben wieder die Farben rot und grün, in diesem Fall jedoch in helleren Tönen. Mögliche Schülerantworten könnten hierbei *Geduld, Hoffnung* oder *Freundlichkeit* bzw. *Streit* oder *Gemeinheiten* sein. Da dies natürlich stark von der jeweils präsentierten Situation abhängt, können lediglich Vermutungen angestellt werden. Die Karten werden an den passenden Platz im Bodenbild gelegt. Dadurch entwickelt sich dieses weiter. Demgemäß wird in dieser Phase auch das dritte und fünfte Lernziel erreicht.

Alternativ zu dieser Präsentationsphase hätten sich die SuS auch gegenseitig ihre Ergebnisse vorstellen können, wodurch gewährleistet werden könnte, dass alle Ideen vorgestellt werden. Allerdings ist hier zu beachten, dass die gemeinsame Reflexion einen überaus großen Stellenwert hat, da dadurch die Ergebnisse vertieft und gewürdigt werden. Darüber hinaus können die Ergebnisse der Reflexion in das Bodenbild integriert werden, sodass auf individuelle Äußerungen der SuS gezielt eingegangen werden kann und eine Entwicklung sichtbar wird.

Sollte es trotz der sorgfältigen Planung aus verschiedenen Gründen zu einem unvorhergesehenen Voranschreiten der Zeit kommen, sodass ein Transfer nicht mehr möglich sein sollte, ist der alternative Ausstieg an dieser Stelle anzusiedeln. In diesem Fall wird es Hausaufgabe sein, sich zu überlegen, wie man selbst ein Senfkorn säen könnte. Dies wird in der darauffolgenden Stunde besprochen, da eine Reflexion, wie bereits erwähnt, unbedingt erfolgen sollte.

6.7 ÜBERLEITUNG

Anschließend folgt die Überleitung zum Bezug auf die Schülerwelt. Dabei ist es wichtig, den SuS zu verdeutlichen, dass Jesu Worte auch heute noch von Bedeutung sind und auch unser Leben verändern können. Auf die Frage der Lehrperson „Was will Jesus uns also mit dem Gleichnis sagen?" soll die wörtliche mit der übertragenen Bedeutung in Verbindung gebracht werden. Mögliche Antworten der SuS könnten hier sein, dass wir die Hoffnung nicht verlieren dürfen oder dass manchmal etwas ganz Unerwartetes passieren kann. Die Ideen werden kurz im Plenum gesammelt, wobei erneut das dritte Lernziel tangiert wird.

6.8 TRANSFER

In dieser Phase übertragen die SuS nun die Bedeutung ganz konkret auf ihr eigenes Leben. Sie werden sich in Einzelarbeit darüber bewusst, wie sie selbst Senfkörner säen können. Zur Veranschaulichung wird die Frage zusätzlich an der Tafel notiert und durch ein Sprichwort ergänzt: „Jeden Tag eine gute Tat?! Wie kannst du Senfkörner säen?" Dies soll Ideen der SuS anstoßen und sie werden bewusst als Einzelperson und nicht im Klassenverband als Kollektiv angesprochen. Die Sozialform (EA) wurde gewählt, da das Individuum des Einzelnen im Vordergrund steht und je nach Lebenserfahrungen unterschiedliche Assoziationen hervorgerufen werden können. Die SuS sollen sich nicht gegenseitig beeinflussen, sondern sich während dieser Arbeitsphase auf sich selbst konzentrieren. Ihre Ideen halten sie auf Karten in Form von Ästen und Blättern fest, welche das Wachsen der Senfpflanze symbolisieren. Somit kann auch das letzte Ziel der Stunde erreicht werden, welches im Erkennen und Beschreiben von Situationen, in denen die SuS selbst Senfkörner säen können, besteht. Wenn die meisten SuS zum Ende kommen, dürfen sie sich jeweils ein Senfkorn aus der Schale in der Mitte nehmen. Diese sollen nun eingepflanzt werden in eine Schale mit Küchenpapier. Dies hat nicht nur symbolhaften Charakter, sondern soll es ermöglichen, die Samen beim Wachsen zu beobachten. Dazu wird die Schale für die kommenden Wochen im Klassenzimmer platziert und erinnert somit weiterhin an diese Religionsstunde und ihre Bedeutung. Die Lehrperson zeigt beispielhaft, wie das Korn eingepflanzt wird, was von den SuS nachgemacht wird. Freiwillig können SuS ihre Ideen im Plenum einbringen. Alternativ hätten die SuS auch ihr eigenes Senfkorn mit nach Hause nehmen können. Allerdings liegt hier die Befürchtung nahe, dass sie es im Laufe des weiteren Schultages verlieren könnten und somit auch der symbolhafte Charakter wegfällt.

6.9 Puffer

Sollte trotz sorgfältiger Planung noch Zeit sein bis zum Ende der Stunde, wird als Puffer das Lied „Kleines Senfkorn Hoffnung" eingeplant. Dies kann spontan gesungen werden und passt inhaltlich zum Thema.

7. UNTERRICHTSSKIZZE

Zeitstruktur	Unterrichtsverlauf	Sozialform	Medien	LZ
	Begrüßung der SuS und der Gäste			
5 min	**Ritual mit Stimmungssteinen**	Stuhlkreis	Ritual	1

5 min	**Einstieg**
	• SuS erfühlen unter Anleitung das Senfkorn
	• Gemeinsame Reflexion im Plenum → mögliche Impulsfragen:
	  ○ Wie habt ihr euch gefühlt?
	  ○ Wie hat sich das Senfkorn angefühlt?
	  ○ War es wirklich etwas „Lebendiges"?
		Stuhlkreis	Senfkörner
			Anleitung
			Redeball
			Schale
				2
				3

5 min	**Überleitung**
	• LP erzählt Gleichnis vom Senfkorn → Textausschnitt in die Mitte
	• SuS sammeln schriftlich auf Karten (soziale Differenzierung):
	  ○ was trägt zum Wachstum bei?
	  ○ was behindert Wachstum?
	→ Beginnen eines Bodenbildes: Sammeln der Ergebnisse im Plenum
		Stuhlkreis
		
		PA
		
		Stuhlkreis
			Textausschnitt
			
			leere Karten:
			rot und grün
			Stifte
			Tuch
				3
				
				6

15 min	**Erarbeitung**
	„In der Geschichte vom Senfkorn wird aus etwas winzig Kleinem etwas überaus Großes. Dies macht Hoffnung, dass auch kleine Dinge viel bewirken können. Vielleicht hast du auch schon einmal selbst Situationen erlebt, in denen aus kleinen Anfängen etwas Großes wurde."
	  ○ Gemeinsam erste Ideen sammeln (soziale Differenzierung)
	  ○ Methode: Tagebucheintrag oder Rollenspiel (methodische Differenzierung)
		Plenum
		
		EA/GA
			Tafel
			
			Arbeitsblätter
				3
				
				4
				
				6

Zeit		Inhalt	Sozialform	Material	min
7 min		→ Kurze Wiederholung: wie wird ein Rollenspiel/Tagebucheintrag erstellt?			
		Ergebnissicherung			
		→ SuS präsentieren ihre Ergebnisse			3
		→ Gemeinsame Reflexion mit Vergleich zum Senfkorn:	Stuhlkreis	Leere Karten: hellrot und hellgrün	5
		o wo/wer war hier das Senfkorn?			
		o was trägt zum Wachstum bei?		Stifte	
		o was behindert das Wachsen?			
		→ daraus Bodenbild weiterentwickeln			
		(alternativer Ausstieg)			
		Überleitung			
		• Was will Jesus uns also mit dem Gleichnis sagen?	Plenum		3
		→ kurzes mündliches Sammeln			
8 min		**Transfer**			
		• Impuls: „Jeden Tag eine gute Tat!? Wie kannst du Senfkörner säen?"	EA	Tafel	3
		• SuS stellen ihre Ideen in Form von Ästen und Blättern da („Senfpflanze")		Vordrucke	
		• Alle SuS dürfen ein Senfkorn einpflanzen auf Küchenpapier	Plenum	Äste, Blätter	7
				Küchenpapier	
		Puffer			
		Lied: „Kleines Senfkorn Hoffnung"	Gitarre		
			Liedblatt		
		Verabschiedung der SuS und der Gäste			

17

8. QUELLENVERZEICHNIS

8.1 LITERATUR

Baum, A. (2005): Gleichnis(se). In: Grabner-Heider, A. (Hrsg.): Praktisches Bibellexikon. Unter Mitarbeit katholischer und evangelischer Theologen. 14. Aufl., Wiesbaden: Marix, S. 429-430.

Die Bibel (1980): Einheitsübersetzung. Stuttgart: Herder.

Gäbel, G. (2007): Mehr Hoffnung wagen. Vom Senfkorn. In: Zimmermann, R. (Hrsg.): Kompendium der Gleichnisse Jesu. Gütersloh: Gütersloher Verlagshaus, S. 327-336.

Linnemann, E. (1969): Gleichnisse Jesu. Einführung und Auslegung. 5. durchg. u. erg. Aufl., Göttingen: Vandenhoeck & Ruprecht.

Mendl, Hans (2011): Religionsdidaktik kompakt. München: Kösel-Verlag.

Ministerium für Kultus, Jugend und Sport Baden-Württemberg: Bildungsplan 2004, Realschule.

Schweitzer, Friedrich (2003): Elementarisierung – ein religionsdidaktischer Ansatz: Einführende Darstellung. In: Schweitzer, F. (Hrsg.): Elementarisierung im Religionsunterricht. Erfahrungen – Erfahrungen – Perspektiven – Beispiele. Neukirchen- Vluyn: Neukirchener Verlag. S. 9-30.

Seelsorgeeinheit Iller-weihung (2008): Einklang. Das Liederbuch der Seelsorgeeinheit Iller-Weihung. Nr. 94.

9. ANLAGEN
Das Gleichnis vom Senfkorn (Mk 4, 30-32)

30 Er sagte: Womit sollen wir das Reich Gottes vergleichen, mit welchem Gleichnis sollen wir es beschreiben?

31 Es gleicht einem Senfkorn. Dieses ist das kleinste von allen Samenkörnern, die man in die Erde sät.

32 Ist es aber gesät, dann geht es auf und wird größer als alle anderen Gewächse und treibt große Zweige, sodass in seinem Schatten die Vögel des Himmels nisten können.

Meditation zum Einstieg

Schließe deine Augen und setze dich bequem auf deinen Stuhl. Ich werde dir gleich etwas ganz Kleines in die Hand geben. Es ist lebendig.

Konzentriere dich nur auf das, was du in der Hand hältst. Wie fühlt es sich an? Lege es in deine linke Hand und drücke mit dem Zeigefinger deiner anderen Hand darauf. Bewege es ein wenig hin und her. Wie fühlt es sich jetzt an? Umschließe es mit deiner ganzen Hand, wie wenn du eine Faust machst. Wie fühlt sich das an? Öffne nun deine Hand wieder. Jetzt kannst du auch deine Augen wieder öffnen. Was siehst du?

Mögliche Entwicklung des Bodenbildes

Das Reich Gottes gleicht einem Senfkorn...

Das Reich Gottes gleicht einem Senfkorn...

Tafelbild:

Jeden Tag eine gute Tat?! Wie kannst du Senfkörner säen?

Arbeitsblätter

EIN ROLLENSPIEL ERSTELLEN

<u>**Aufgabe:**</u>

1. Überlegt euch eine alltägliche Situation, in der aus einem kleinen Anfang etwas ganz Großes geworden ist.
2. Verteilt die Rollen untereinander
3. Tauscht euch aus und überlegt, wie die **Gefühle** der Personen in der **Körperhaltung**, der **Mimik** (Gesichtsausdruck) und dem, was die Person sagt, zum Ausdruck gebracht werden können.
4. Probt euer Rollenspiel, sodass ihr es anschließend präsentieren könnt.

Platz für Notizen:

EINEN TAGEBUCHEINTRAG SCHREIBEN

Aufgabe:

1. Überlege dir eine alltägliche Situation, in der aus einem kleinen Anfang etwas ganz Großes geworden ist.
2. Schreibe einen Tagebucheintrag aus der Sicht einer Person, die in deiner Idee vorkommt und beschreibe dabei auch die **Gedanken** und **Gefühle**.

www.ingramcontent.com/pod-product-compliance
Ingram Content Group UK Ltd.
Pitfield, Milton Keynes, MK11 3LW, UK
UKHW041311140325
5003UKWH00019B/68

9 783346 027597